Impressum
Verlag: BABADADA GmbH, Nedderfeld 112 , 22529 Hamburg
Geschäftsführer / Verlagsleitung: Harald Hof
Druck: Books on Demand GmbH, In de Tarpen 42, 22848 Norderstedt

Imprint
Publisher: BABADADA GmbH, Nedderfeld 112 , 22529 Hamburg, Germany
Managing Director / Publishing direction: Harald Hof
Print: Books on Demand GmbH, In de Tarpen 42, 22848 Norderstedt, Germany

除
dělit

186/2

黑板
tabule

教室
třída

校园
školní hřiště

老师
učitel

纸
papír

钢笔
pero

书写
psát

办公桌
psací stůl

直尺
pravítko

书
kniha

学生
žák

书包

aktovka

铅笔盒

penál

铅笔

tužka

卷笔刀

ořezávátko

橡皮擦

guma

画板

blok na kreslení

图画

výkres

画笔

štětec

颜料盒

malířské potřeby

剪刀

nůžky

胶水

lepidlo

练习册

cvičebnice

家庭作业

domácí úkol

12

数字

počet

2+2

加

sčítat

5-2

减

odčítat

2×2

乘

násobit

计算

počítat

A

字母

písmeno

ABCDEFG HIJKLMN OPQRSTU VWXYZ

字母表

abeceda

hello

字

slovo

课文

text

读

číst

粉笔

křída

上课

hodina

登记

třídní kniha

考试

zkouška

证书

vysvědčení

校服

školní uniforma

教育

vzdělání

百科全书

encyklopedie

大学

univerzita

显微镜

mikroskop

地图

karta

废纸筐

odpadkový koš na papír

酒店
hotel

青年旅社
ubytovna

外币兑换处
směnárna

手提箱
kufr

汽车
auto

语言

jazyk

是/否

ano / ne

好的

oukej

您好

Ahoj!

翻译员

překladatel

谢谢

děkuji

……多少钱？

Kolik stojí...?

我不明白

nerozumím

问题

problém

晚上好！

Dobrý večer!

早上好！

Dobré ráno!

晚安！

Dobrou noc!

再见

na shledanou

方向

směr

行李

zavazadlo

包

taška

双肩包

batoh

客人

host

房间

pokoj

睡袋

spací pytel

帐篷

stan

旅游信息

turistické informace

海滩

pláž

信用卡

kreditní karta

早餐

snídaně

午餐

oběd

晚餐

večeře

票

jízdenka

电梯

výtah

邮票

poštovní známka

边界

hranice

海关

clo

大使馆

poselství

签证

vízum

护照

pas

飞机
letadlo

船
loď

消防车
hasičský vůz

公交车
autobus

卡车
nákladní vůz

汽艇
motorový člun

自行车
kolo

汽车
auto

摆渡船

přívoz

小船

člun

摩托车

motorka

警车

policejní auto

赛车

závodní auto

租车

pronajaté auto

拼车

sdílení aut

拖车

odtahová služba

垃圾车

popelářský vůz

发动机

motor

汽油

palivo

加油站

čerpací stanice

交通标志

dopravní značka

交通

doprava

交通堵塞

dopravní zácpa

停车场

parkoviště

火车站

vlakové nádraží

轨道

koleje

火车

vlak

电车

tramvaj

货车

vagón

直升机

helikoptéra

机场

letiště

塔

věž

乘客

pasažér

集装箱

kontejner

纸板箱

kartón

手推车

trakař

篮子

koš

起飞/降落

vzlétnout / přistát

城市

město

村庄

vesnice

市中心

střed města

房子

dům

电影院
kino

广告
reklama

路灯
pouliční lampa

街道
ulice

出租车
taxi

小吃店
kiosek

CINEMA

行人
chodec

人行道
chodník

斑马线
zebra pro chodce

十字路口
křižovatka

红绿灯
semafor

垃圾箱
popelnice

小屋

chata

公寓

byt

火车站

vlakové nádraží

市政厅

radnice

博物馆

muzeum

学校

škola

大学

univerzita

银行

banka

医院

nemocnice

酒店

hotel

药房

lékárna

办公室

kancelář

书店

knihkupectví

商店

obchod

花店

květinářství

超市

supermarket

市场

tržnice

百货商店

obchodní dům

鱼店

rybárna

购物中心

nákupní centrum

海港

přístav

城市 - město

公园

park

长凳

lavička

桥

most

楼梯

schody

地铁

metro

隧道

tunel

公交车站

autobusová zastávka

酒吧

bar

餐馆

restaurace

邮筒

poštovní schránka

路标

pouliční tabule

停车计时器

parkovací hodiny

动物园

zoo

游泳馆

plovárna

清真寺

mešita

农场

usedlost

污染

znečišťování životního prostředí

墓地

hřbitov

教堂

církev

操场

hřiště

寺庙

chrám

地形

krajina

树叶
list

指示牌
rozcestník

路
cesta

草地
louka

石头
kámen

树
strom

徒步旅行者
turista

河
řeka

草
tráva

花
květina

峡谷

údolí

山

hora

湖

jezero

森林

les

沙漠

poušť

火山

sopka

城堡

zámek

彩虹

duha

蘑菇

houba

棕榈树

palma

蚊子

komár

苍蝇

moucha

蚂蚁

mravenec

蜜蜂

včela

蜘蛛

pavouk

甲虫

brouk

青蛙

žába

松鼠

veverka

刺猬

ježek

野兔

zajíc

猫头鹰

sova

鸟

pták

天鹅

labuť

野猪

divoké prase

鹿

jelen

麋鹿

los

水坝

přehrada

风力发电机

větrné kolo

太阳能电池板

solární panel

气候

podnebí

服务员
číšník

菜单
jídelní lístek

椅子
židle

汤
polévka

披萨饼
pizza

餐具
příbor

桌布
ubrus

前菜
předkrm

主菜
hlavní chod

甜点
dezert

饮料
nápoje

食物
jídlo

瓶子
láhev

快餐

rychlé občerstvení

街边小吃

pouliční občerstvení

茶壶

čajová konvice

糖盒

cukřenka

一份饭菜

porce

意式咖啡机

kávovar na espresso

高脚椅

dětská stolička

账单

faktura

托盘

tác

刀

nůž

餐叉

vidlička

勺子

lžíce

茶匙

čajová lyžička

餐巾

ubrousek

玻璃杯

sklenička

碟子
talíř

汤盘
talíř na polévku

碟子
podšálek

酱
omáčka

盐瓶
slánka

胡椒磨
mlýnek na pepř

醋
ocet

食用油
olej

调味料
koření

番茄酱
kečup

芥末
hořčice

蛋黄酱
majonéza

特价
nabídka

顾客
zákazník

乳制品
mléčné výrobky

购物车
nákupní vozík

水果
ovoce

肉铺

masna

面包房

pekařství

称重

vážit

蔬菜

zelenina

肉

maso

冷冻食品

mražené potraviny

冷盘

obložený talíř

罐头食品

konzervy

洗衣粉

prací prášek

甜食

cukrovinky

日用品

výrobky pro domácnost

清洁用品

čisticí prostředek

销售员

prodavačka

收银机

pokladna

收银员

pokladní

购物清单

nákupní seznam

开放时间

otevírací doba

钱包

peněženka

信用卡

kreditní karta

袋子

taška

塑料袋

igelitová taška

水

voda

果汁

džus

牛奶

mléko

可乐

kola

红酒

víno

啤酒

pivo

酒

alkohol

可可

kakao

茶

čaj

咖啡

káva

意式浓缩咖啡

espresso

卡布奇诺

kapučíno

香蕉

banán

苹果

jablko

橙子

pomeranč

西瓜

meloun

柠檬

citrón

胡萝卜

mrkev

大蒜

česnek

竹子

bambus

洋葱

cibule

蘑菇

houba

坚果

ořechy

面条

těstoviny

意大利面条

špageti

米饭

rýže

沙拉

salát

薯条

hranolky

炸土豆

americké brambory

披萨饼

pizza

汉堡包

hamburger

三明治

sendvič

炸猪排

řízek

火腿

šunka

萨拉米

salám

香肠

salám

鸡肉

kuře

烤肉

pečeně

鱼

ryby

燕麦片

ovesné vločky

穆兹利

müsli

玉米片

vločky

面粉

mouka

羊角面包

croissant

面包卷

houska

面包

chléb

烤面包

toast

饼干

sušenky

黄油

máslo

凝乳

tvaroh

蛋糕

buchta

蛋

vejce

煎蛋

volské oko

奶酪

sýr

冰激凌

zmrzlina

糖

cukr

蜂蜜

med

果酱

marmeláda

巧克力酱

nugátový krém

咖喱饭

kari

农舍
selské stavení

粮仓
stodola

稻草捆
balík slámy

田野
pole

马
kůň

拖车
přívěs

拖拉机
traktor

马驹
hříbě

驴
osel

羔羊
jehně

羊
ovce

山羊

koza

奶牛

kráva

牛犊

tele

猪

prase

小猪

sele

公牛

býk

鹅

husa

鸭

kachna

小鸡

kuře

母鸡

slepice

公鸡

kohout

鼠

krysa

猫

kočka

老鼠

myš

牛

vůl

狗

pes

狗屋

psí bouda

花园浇水软管

zahradní hadice

洒水壶

kropicí konev

长柄大镰刀

kosa

犁

pluh

镰刀

srp

锄头

motyka

长柄草耙

vidle

斧头

sekera

独轮手推车

kolecko

饲料槽

koryto

牛奶罐

konev na mléko

麻布袋

pytel

栅栏

plot

马厩

stáj

温室

skleník

土壤

půda

种子

osivo

肥料

hnojivo

联合收割机

kombajn

收割
sklidit

收割
sklizeň

山药
smldinec

小麦
pšenice

大豆
sója

土豆
brambora

玉米
kukuřice

油菜籽
řepka

果树
ovocný strom

树薯
maniok

谷物
obilí

烟囱
komín

屋顶
střecha

落水管
okap

窗户
okno

车库
garáž

门铃
zvonek

门
dveře

垃圾桶
popelnice

信箱
dopisní schránka

花园
zahrada

客厅
obývací pokoj

浴室
koupelna

厨房
kuchyně

卧室
ložnice

儿童房
dětský pokoj

餐厅
jídelna

地板

podlaha

墙壁

zeď

吊顶

deka

地窖

sklep

桑拿

sauna

阳台

balkón

露台

terasa

游泳池

bazén

割草机

sekačka na trávu

被单

ložní prádlo

床罩

lůžková přikrývka

床

postel

扫帚

smeták

水桶

kýbl

开关

vypínač

壁纸
tapeta

照片
obrázek

台灯
žárovka

搁架
police

橱柜
skříň

壁炉
komín

电视机
televizor

花
květina

垫子
polštář

花瓶
váza

沙发
gauč

遥控器
dálkový ovladač

地毯

koberec

窗帘

závěs

餐桌

stůl

椅子

židle

摇椅

houpací křeslo

扶手椅

křeslo

书

kniha

毯子

strop

装饰品

ozdoba

木柴

palivové dříví

电影

film

高保真音响

stereo souprava

钥匙

klíč

报纸

noviny

油画

malba

海报

plakát

收音机

rádio

笔记本

poznámkový blok

吸尘器

vysavač

仙人掌

kaktus

蜡烛

svíce

冰箱
chladnička

微波炉
mikrovlnná trouba

厨房秤
kuchyňská váha

洗洁精
čisticí prostředek

烤面包机
toustovač

烤箱
trouba

冰柜
mraznička

垃圾桶
popelnice

洗碗机
myčka nádobí

炊具

sporák

锅

hrnec

铸铁锅

litinový hrnec

炒锅

wok / kadai

平底锅

pánev

水壶

varná konvice

蒸锅

parní hrnec

烤盘

plech na pečení

陶瓷锅

nádobí

马克杯

hrnek

碗

miska

筷子

jídelní hůlky

长柄勺

naběračka

铲子

obracečka

搅拌器

metla

滤网

síto

筛子

cedník

磨碎机

struhadlo

研钵

hmoždíř

烧烤

gril

明火

ohniště

36　　　　　　　　厨房 - kuchyně

菜板

prkénko na krájení

擀面杖

váleček na těsto

开瓶器

vývrtka

罐子

dóza

开罐器

otvírák na konzervy

隔热手套

chňapka

水槽

umyvadlo

刷子

kartáč na nádobí

海绵

houba

搅拌机

mixér

冷藏箱

mrazák

奶瓶

dětská lahev

水龙头

kohoutek

供暖设备
topení

淋浴
sprcha

毛巾
ručník

浴帘
sprchový závěs

泡沫浴
pěnová koupel

浴缸
vana

玻璃杯
sklenička

洗衣机
pračka

瓷砖
obkladačky

水龙头
kohoutek

便壶
nočník

水槽
umyvadlo

厕所
záchod

蹲便器
turecký záchod

坐浴器
bidet

小便池
pisoár

厕纸
toaletní papír

马桶刷
záchodová štětka

牙刷

zubní kartáček

牙膏

zubní pasta

牙线

zubní niť

洗

mýt

手持式喷淋头

ruční sprcha

冲洗器

intimní sprcha

洗脸盆

umyvadlo

擦背刷

kartáč na záda

肥皂

mýdlo

沐浴露

sprchový gel

洗发水

šampón

法兰绒

žínka

排水

odpad

乳霜

krém

除臭剂

deodorant

镜子

zrcadlo

手镜

kosmetické zrcátko

剃须刀

holicí strojek

剃须泡沫

pěna na holení

须后水

voda po holení

梳子

hřeben

刷子

kartáč

吹风机

fén

喷发定型剂

lak na vlasy

化妆品

makeup

唇膏

rtěnka

指甲油

lak na nehty

化妆棉

vata

指甲剪

nůžky na nehty

香水

parfém

洗漱包

taška s toaletními potřebami

凳子

stolička

计重秤

váha

浴袍

župan

橡胶手套

gumové rukavice

卫生棉条

tampón

卫生巾

dámská vložka

化学厕所

chemická toaleta

闹钟
budík

毛绒玩具
plyšová hračka

玩具车
autíčko

拨浪鼓
chrastítko

玩具屋
domeček pro panenky

礼物
dárek

气球

balón

床

postel

（洋娃娃用）婴儿车

kočárek

扑克牌

balíček karet

拼图

puzzle

漫画

komiks

乐高积木

lego kostky

积木玩具

stavebnice

玩具人

akční figurka

婴儿服

dupačky

飞盘

frisbee

床铃玩具

závěsné hračky nad postýlku

棋盘游戏

desková hra

骰子

kostky

火车模型

modelová železnice

安抚奶嘴

dudlík

聚会

oslava

绘本

obrázková kniha

球

míč

洋娃娃

panenka

玩

hrát si

沙坑

pískoviště

秋千

houpačka

玩具

hračky

游戏机

hrací konzole

三轮车

tříkolka

泰迪熊

medvídek

衣柜

šatník

衣服

oblečení

袜子

ponožky

长袜

punčochy

紧身裤

punčochové kalhoty

围巾
šála

雨伞
deštník

T恤
tričko

皮带
pásek

靴子
kozačky

拖鞋
domácí obuv

运动鞋
tenisky

凉鞋
sandály

鞋
obuv

雨靴
holínky

内裤
spodní prádlo

胸罩
podprsenka

背心
nátělník

衣服 - oblečení 45

身体
body

裤子
kalhoty

牛仔裤
džíny

短裙
sukně

女式衬衫
blůza

衬衫
košile

套头衫
svetr

卫衣
mikina

西装夹克
blejzr

夹克
bunda

外套
kabát

雨衣
pláštěnka

套装
kostým

连衣裙
šaty

婚纱
svatební šaty

衣服 - oblečení

西装

oblek

睡袍

noční košile

睡衣

pyžamo

莎丽

sárí

头巾

šátek na hlavu

包头巾

turban

波卡

burka

卡夫坦

kaftan

(阿拉伯式)长袍长袍

abája

泳衣

plavky

男式泳裤

pánské plavky

短裤

kraťasy

运动服

tepláková souprava

围裙

zástěra

手套

rukavice

纽扣

knoflík

眼镜

brýle

手链

náramek

项链

náhrdelník

戒指

prsten

耳环

náušnice

便帽

čepice

衣架

ramínko

帽子

klobouk

领带

kravata

拉链

zip

头盔

helma

背带

kšandy

校服

školní uniforma

制服

uniforma

围兜

bryndák

安抚奶嘴

dudlík

尿不湿

plena

服务器
server

文件柜
kartotéka

打印机
tiskárna

纸
papír

显示屏
monitor

办公桌
psací stůl

鼠标
myš

文件夹
šanon

键盘
klávesnice

废纸筐
odpadkový koš na papír

电脑
počítač

椅子
židle

咖啡杯

hrnek na kávu

计算器

kalkulačka

因特网

internet

笔记本电脑
notebook

信件
dopis

消息
zpráva

手机
mobil

网络
síť

复印机
kopírka

软件
software

电话
telefon

插座
zásuvka

传真机
fax

表格
formulář

文件
dokument

买
nakupovat

付钱
zaplatit

交易
jednat

现金
peníze

USD

美元
dolar

EUR

欧元
euro

JPY

日元
jen

RUB

卢布
rubl

CHF

瑞士法郎
frank

CNY

人民币
juan

INR

卢比
rupie

提款处
bankomat

外币兑换处

směnárna

金

zlato

银

stříbro

石油

olej

能源

energie

价格

cena

合同

smlouva

税金

daň

股票

akcie

工作

pracovat

职员

zaměstnanec

老板

zaměstnavatel

工厂

továrna

商店

obchod

警官
policista

消防员
hasič

飞行员
pilot

厨师
kuchař

医生
lékař

园丁

zahradník

木匠

truhlář

裁缝

švadlena

法官

soudce

化学家

chemik

演员

herec

公交车司机

řidič autobusu

出租车司机

řidič taxi

渔夫

rybář

清洁女工

uklízečka

屋顶工

pokrývač

服务员

číšník

猎人

myslivec

画家

malíř

面包师

pekař

电工

elektrikář

建筑工人

stavební dělník

工程师

inženýr

屠夫

řezník

水管工

klempíř

邮递员

listonoš

士兵
voják

建筑师
architekt

收银员
pokladní

花农
florista

理发师
kadeřník

售票员
průvodčí

机械师
mechanik

船长
kapitán

牙医
zubař

科学家
vědec

拉比
rabín

伊玛目
imám

和尚
mnich

牧师
duchovní

铁锤
kladivo

钳子
kleště

螺丝刀
šroubovák

扳手
klíč

手电筒
kapesní svítilna

挖掘机

bagr

工具箱

skříň na nářadí

梯子

žebřík

锯子

pila

钉子

hřebíky

钻机

vrtačka

修
opravit

铲子
lopata

靠！
Kurva!

簸箕
lopatka

油漆桶
vědroé na barvu

螺丝
šrouby

乐器

hudební nástroje

扬声器
reproduktor

打击乐器
bicí

吉他
kytara

低音提琴
kontrabas

小号
trubka

钢琴

klavír

小提琴

housle

贝斯

basa

定音鼓

tympán

鼓

bubny

电子琴

keyboard

萨克斯管

saxofon

长笛

flétna

麦克风

mikrofon

老虎
tygr

笼子
klec

入口
vstup

斑马
zebra

动物饲料
krmivo pro zvířata

熊猫
panda

动物
zvířata

大象
slon

袋鼠
klokan

犀牛
nosorožec

大猩猩
gorila

熊
medvěd

骆驼

velbloud

鸵鸟

pštros

狮子

lev

猴子

opice

火烈鸟

plameňák

鹦鹉

papoušek

北极熊

lední medvěd

企鹅

tučňák

鲨鱼

žralok

孔雀

páv

蛇

had

鳄鱼

krokodýl

动物园管理员

ošetřovatel zvířat

海豹

tuleň

美洲豹

jaguár

矮种马

poník

豹

leopard

河马

hroch

长颈鹿

žirafa

老鹰

orel

野猪

divoké prase

鱼

ryby

龟

želva

海象

mrož

狐狸

liška

羚羊

gazela

橄榄球
americký fotbal

骑自行车
cyklistika

网球
tenis

篮球
košíková

游泳
plavání

拳击
box

冰球
lední hokej

英式足球
kopaná

羽毛球
badminton

田径
lehká atletika

手球
házená

滑雪
běh na lyžích

马球
vodní pólo

跳 skočit

笑 smát se

拥抱 objímat

唱 zpívat

走路 jít

祈祷 modlit se

亲吻 políbit

做梦 snít

书写
psát

画
kreslit

展示
ukazovat

推
tlačit

给
dát

拿
vzít si

有
mít

做
dělat

当
být

站
stát

跑
běhat

拉
táhnout

扔
hodit

摔倒
padat

躺
ležet

等待
čekat

携带
nosit

坐
sedět

穿衣
oblékat

睡觉
spát

醒来
vzbudit se

看

prohlédnout si

哭

plakat

抚摸

pohladit

梳头

česat

交谈

hovořit

明白

rozumět

问

ptát se

听

slyšet

喝

pít

吃

jíst

清理

uklidit

爱

milovat

做饭

vařit

开车

jet

飞

letět

航行

plachtit

计算

počítat

读

číst

学习

učit se

工作

pracovat

结婚

vzít si

缝

šít

刷牙

čistit si zuby

杀

zabít

抽烟

kouřit

寄

poslat

祖母
babička

祖父
dědeček

父亲
otec

母亲
matka

婴童
dítě

女儿
dcera

儿子
syn

客人

host

阿姨

teta

叔叔

strýc

兄弟

bratr

姐妹

sestra

前额
čelo

眼睛
oko

脸
obličej

下巴
brada

乳房
hruď

手指
prst

手
ruka

手臂
paže

肩膀
rameno

腿
dolní končetina

婴童
dítě

男人
muž

女人
žena

女孩
dívka

男孩
chlapec

头
hlava

背部

záda

肚子

břicho

肚脐

pupík

脚趾

prst na noze

脚后跟

pata

骨头

kost

臀部

bok

膝盖

koleno

手肘

loket

鼻子

nos

屁股

zadek

皮肤

kůže

脸颊

tvář

耳朵

ucho

嘴唇

ret

身体 - tělo

嘴

ústa

牙齿

zub

舌头

jazyk

脑

mozek

心脏

srdce

肌肉

sval

肺

plíce

肝脏

játra

胃

žaludek

肾脏

ledviny

性交

pohlavní styk

避孕套

kondom

卵子

vajíčko

精子

sperma

怀孕

těhotenství

月经

menstruace

阴道

vagina

阴茎

penis

眉毛

obočí

头发

vlasy

脖子

krk

医院
nemocnice

救护车
sanitka

轮椅
invalidní vozík

骨折
zlomenina

医生

lékař

急诊室

pohotovost

护士

zdravotní sestra

紧急情况

urgentní případ

昏迷

v bezvědomí

痛

bolest

受伤
úraz

出血
krvácení

心脏病发作
infarkt myokardu

中风
cévní mozková příhoda

过敏
alergie

咳嗽
kašel

发烧
horečka

流感
chřipka

腹泻
průjem

头痛
bolest hlavy

癌症
rakovina

糖尿病
cukrovka

外科医生
chirurg

手术刀
skalpel

手术
operace

CT

CT

X光

rentgen

超声波

ultrazvuk

口罩

maska

疾病

nemoc

候诊室

čekárna

拐杖

berle

石膏

náplast

绷带

obvaz

注射

injekce

听诊器

stetoskop

担架

nosítka

体温计

teploměr

出生

porod

超重

nadváha

助听器

naslouchátko

消毒液

dezinfekční prostředek

感染

infekce

病毒

virus

艾滋病

HIV / AIDS

药物

lékařství

接种疫苗

očkování

药片

tablety

药丸

pilulka

急救电话

tísňové volání

血压计

tonometr

生病/健康

nemocný / zdravý

救命！

Pomoc!

警报

poplach

突击

přepadení

攻击

napadení

危险

nebezpečí

紧急出口

nouzový východ

着火啦！

Hoří!

灭火器

hasicí přístroj

意外

nehoda

急救箱

zdravotnická brašna

呼救信号

SOS

警察

policie

欧洲

Evropa

北美洲

Severní Amerika

南美洲

Jižní Amerika

非洲

Afrika

亚洲

Asie

澳洲

Austrálie

大西洋

Atlantik

太平洋

Pacifik

印度洋

Indický oceán

南冰洋

Jižní ledový oceán

北冰洋

Severní ledový oceán

北极

severní pól

南极
jižní pól

南极洲
Antarktida

地球
země

陆地
pevnina

海
moře

岛
ostrov

国家
národ

国家
stát

钟面

ciferník

时针

hodinová ručička

分针

minutová ručička

秒针

vteřinová ručička

现在几点？

Kolik je hodin?

天

den

时间

čas

现在

teď

电子表

digitální hodinky

分

minuta

时

hodina

周

týden

周一 pondělí
周三 středa
周五 pátek
周二 úterý
周六 sobota
周四 čtvrtek
周日 neděle

昨天

včera

今天

dnes

明天

zítra

早晨

ráno

中午

poledne

晚上

večer

工作日

pracovní dny

周末

víkend

彩虹
► duha

雨
► déšť

风
► vítr

雪
► sníh

春
► jaro

秋
► podzim

夏
► léto

冬
► zima

天气预报

předpověď počasí

温度计

teploměr

阳光

sluneční svit

云

mrak

雾

mlha

潮湿

vlhkost

闪电

blesk

打雷

hrom

风暴

bouřka

冰雹

kroupy

季风

monzun

洪水

povodeň

冰

led

一月

leden

二月

únor

三月

březen

四月

duben

五月

květen

六月

červen

七月

červenec

八月

srpen

九月
....
září

十月
....
říjen

十一月
....
listopad

十二月
....
prosinec

形状

tvary

圆形
....
kruh

正方形
....
čtverec

长方形
....
obdélník

三角形
....
trojúhelník

球体
....
koule

立方体
....
krychle

形状 - tvary

白

bílá

黄

žlutá

橙

oranžová

粉

růžová

红

červená

紫

fialová

蓝

modrá

绿

zelená

棕

hnědá

灰

šedá

黑

černá

很多/少许

hodně / málo

生气/平静

rozzuřený / mírumilovný

美/丑

krásný / ošklivý

首/尾

začátek / konec

大/小

velký / malý

明/暗

světlý / tmavý

兄弟/姐妹

bratr / sestra

干净/肮脏

čistý / špinavý

完整/缺失

úplný / neúplný

白天/晚上

den / noc

死/生

mrtvý / živý

宽/窄

široký / úzký

可食用/非食用

jedlý / nejedlý

邪恶/善良

zlý / hodný

兴奋/无聊

vzrušený / znuděný

胖/瘦

tlustý / hubený

第一/最后

nejdříve / naposledy

朋友/敌人

přítel / nepřítel

满/空

plný / prázdný

硬/软

tvrdý / měkký

重/轻

těžký / lehký

饿/渴

hlad / žízeň

生病/健康

nemocný / zdravý

非法/合法

ilegální / legální

聪明/愚笨

inteligentní / hloupý

左/右

vlevo / vpravo

近/远

blízko / daleko

新/旧

nový / použitý

没有/有些

nic / něco

老/幼

starý / mladý

开/关

zapnutý / vypnutý

打开/合上

otevřeno / zavřeno

安静/吵闹

tichý / hlasitý

富/穷

bohatý / chudý

对/错

správný / špatný

粗糙/光滑

drsný / hladký

伤心/高兴

smutný / šťastný

短/长

krátký / dlouhý

慢/快

pomalý / rychlý

湿/干

vlhký / suchý

温暖/凉爽

teplý / chladný

战争/和平

válka / mír

0

零
....
nula

1

一
....
jedna

2

二
....
dva

3

三
....
tři

4

四
....
čtyři

5

五
....
pět

6

六
....
šest

7

七
....
sedm

8

八
....
osm

9

九
....
devět

10

十
....
deset

11

十一
....
jedenáct

12

十二

dvanáct

13

十三

třináct

14

十四

čtrnáct

15

十五

patnáct

16

十六

šestnáct

17

十七

sedmnáct

18

十八

osmnáct

19

十九

devatenáct

20

二十

dvacet

100

百

sto

1.000

千

tisíc

1.000.000

百万

milion

英语

angličtina

美式英语

americká angličtina

普通话

standardní čínština

印地语

hindština

西班牙语

španělština

法语

francouzština

阿拉伯语

arabština

俄语

ruština

葡萄牙语

portugalština

孟加拉语

bengálština

德语

němčina

日语

japonština

我

já

你

ty

他/她/它

on / ona / ono

我们

my

你们

vy

他们

oni

谁？

Kdo?

什么？

Co?

怎样？

Jak?

哪里？

Kde?

什么时候？

Kdy?

名字

jméno

后面

za

里面

do

前面

z

上方

nad

上面

na

下面

mezi

旁边

vedle

中间

mezi

地点

místo